Narcisismo nelle relazioni

Come riconoscere un narcisista, staccarsi da lui e, finalmente, diventare felici.

Annika Pütz

CONTENUTO

Cosa può aspettarsi da questo libro

Mi sento malata, stanca e vecchia. Non ho più energia per nulla. Sto solo aspettando. Aspetto una parola gentile, aspetto che lui torni da me, aspetto di essere riconosciuta. Non riesco a capire cosa sto facendo di sbagliato, non va bene per me, lo so. Ma non posso farci niente, rimango. È colpa mia. Devo solo impegnarmi di più, diventare più tollerante. Allora tutto andrà bene".

Tutti coloro che hanno avuto una o più relazioni o incontri con un narcisista hanno avuto questi pensieri.

Molto spesso ci imbattiamo in questo argomento quando scegliamo un partner. È stato ripetutamente deluso, si sente usato o addirittura colpevole?

Probabilmente un'amica le ha già detto che continua a "innamorarsi" dello stesso tipo di uomo. Forse ci sta già pensando da sola e sta pensando di rivedere radicalmente il suo "modello di attrazione". Forse sta ancora vivendo una relazione di questo tipo e vuole uscirne, ma non sa se ci vede davvero "chiaro"?

Questo è esattamente l'argomento che trattiamo in questo libro. Voglio aiutarla a prendere coscienza delle caratteristiche del narcisismo e invitarla a riflettere su quali modelli comportamentali l'hanno portata a incontrare ripetutamente uomini narcisisti. Voglio anche offrirle una guida su come liberarsi dalle relazioni distruttive.

Per semplicità, scrivo dal punto di vista di una donna. A questo punto, però, va detto che il narcisismo esiste naturalmente anche tra le donne. Questo differisce in alcuni aspetti dalle caratteristiche del narcisismo negli uomini, ma alla fine fa poca differenza. In linea di principio, quindi, anche gli uomini che incontrano ripetutamente personalità femminili narcisiste sono invitati a riflettere e a rompere i modelli di comportamento distruttivi.

Narciso - Il Bello

Narciso era il figlio comune del dio fluviale Kephisos e della ninfa Leiriope. Nacque da uno stupro e crebbe come un giovane uomo pieno di orgoglio per la propria bellezza. Sia i ragazzi che le ragazze lo idolatravano, ma lui li respingeva tutti senza cuore.

Anche il giovane Ameinias sperimentò questo rifiuto. Narciso gli inviò una spada. Non riuscì a sopportare questo insulto e si uccise con la spada, ma non prima di aver chiesto agli dei di vendicarlo. Nemesi o Afrodite ascoltò la sua supplica e punì Narciso con l'insaziabile amore per se stesso.

Guardandosi nell'acqua, si innamorò follemente del suo riflesso, senza rendersi conto che era lui stesso a vedersi nell'acqua. Questo amore era caratterizzato dall'inappagabilità, lo riconobbe, ma non gli servì a nulla. Si struggerà per il suo riflesso fino alla morte.

Pausania, uno scrittore di viaggi greco, ci ha raccontato che un giorno Narciso si sedette in riva al lago per godersi il suo riflesso. Una foglia cadde nell'acqua e distorse il suo riflesso. Narciso, scioccato e credendosi brutto, morì di conseguenza. Dopo la sua morte, fu trasformato in un narciso.

Il termine "narcisismo" si è sviluppato da questa mitologia greca. In sintesi, descrive le personalità che spesso appaiono esigenti, arroganti e prepotenti. Si tratta di persone apparentemente molto sicure di sé, o almeno trasmettono attivamente questa immagine al mondo esterno. Tuttavia, questa impressione esteriore spesso nasconde un'autostima piuttosto debole e facile da ferire, che rende difficile per queste persone affrontare le critiche. Ancora di più: i narcisisti hanno difficoltà a perdonare le critiche. Nessuno dovrebbe rendersi conto di quanto sia in realtà sensibile e debole la persona dietro la facciata.

I problemi dei narcisisti iniziano presto. Non sono all'altezza dei loro standard, sono guidati dal perfezionismo e tormentati dalla paura di fallire. Spesso hanno problemi sul posto di lavoro e non si rendono mai giustizia.

Quando la bilancia pende verso l'alto - stile personale o disordine?

Ciò che costituisce la nostra personalità è una questione complessa. Tutti noi abbiamo parti di impulsività, volatilità, drammatizzazione, egoismo e molto altro ancora. Ogni persona ha un modo diverso di percepire l'ambiente e di interagire con le altre persone. La distribuzione e l'espressione delle nostre caratteristiche individuali o dei nostri modelli di pensiero e azione ci permettono di sviluppare una personalità. Viene modellata dal nostro mondo esterno e in modo significativo dalle nostre esperienze nell'infanzia e nell'adolescenza. In generale, queste caratteristiche si bilanciano a vicenda, anche se alcuni tratti sono più marcati e altri meno.

Si passa da una personalità a uno stile di personalità quando alcuni tratti del carattere appaiono più chiaramente di altri. Le transizioni devono essere considerate fluide. La maggior parte delle persone, quindi, è piuttosto uno "smorgasbord" di diversi stili di personalità, più o meno pronunciati.

Ma quando si parla di "disturbo" di uno stile di personalità? Questo avviene sempre quando alcune caratteristiche sono eccessivamente pronunciate e allo stesso tempo si rivelano molto inflessibili. Se il modo di pensare e di sentire si distingue fortemente dall'ambiente e ha un effetto decisivo sul comportamento della persona , questo può indicare un disturbo. Tuttavia, è difficile valutare se si tratta di uno stile di personalità molto pronunciato e dominante o di un disturbo. Le transizioni tra le due varianti sono fluide.

I disturbi del comportamento interattivo sono i più evidenti. Questo può avere un impatto negativo sulle amicizie, sui conoscenti o sulle relazioni familiari. Ciò è dovuto alla percezione distorta della realtà. Ad esempio, le azioni neutre vengono percepite come più negative della media o gli eventi vengono percepiti in modo molto esagerato. Tuttavia, le persone con un disturbo non solo percepiscono l'ambiente circostante in modo diverso, ma anche se stesse. In questo modo, i risultati possono essere rappresentati in modo esageratamente positivo.

Per ottenere una diagnosi chiara, è essenziale rivolgersi a uno psichiatra o a un terapeuta. Nella psicoterapia, la diagnosi può essere fatta prima con l'aiuto della "psicoeducazione" e si può cercare insieme una forma di terapia adatta. A tal fine, sono necessari molti colloqui individuali. Tuttavia, questa forma di trattamento richiede un certo intuito da parte della persona colpita e un forte rapporto di fiducia reciproca tra paziente e terapeuta.

Sulla base di questa diagnosi problematica e molto difficile, nel prosieguo del corso parleremo solo di stili di personalità.

Oltre allo stile di personalità narcisistico, il cosiddetto "stile di personalità borderline" è il più noto e la maggior parte delle persone lo conosce. Nella psicologia moderna, questo stile di personalità viene definito "emotivamente instabile". È caratterizzato da una chiara tendenza ad agire in modo inaspettato e senza tenere conto delle conseguenze. Le persone colpite tendono ad avere forti sbalzi d'umore, che possono sfociare in improvvisi scoppi d'ira o talvolta in azioni violente. Non sono sicuri di se stessi, delle loro preferenze e dei loro bisogni e quindi si sentono spesso vuoti. Spesso cercano in modo sproporzionato di evitare di essere abbandonati. Questo spesso porta a comportamenti autolesionistici e persino a pensieri suicidi.

Un altro stile di personalità abbastanza noto è lo stile "dipendente" o "dipendenza". Alle persone dipendenti piace che le altre persone della loro vita prendano le decisioni, persino che chiedano loro di farlo. Spesso chiedono consigli agli altri e si fanno confermare le loro decisioni. Ciò che colpisce è che le persone con questo stile di personalità si subordinano alle esigenze delle persone con cui c'è una dipendenza. Le persone colpite sono molto accondiscendenti e non chiedono quasi mai nulla. Lo fanno perché hanno molta paura di rimanere soli. Si sentono quindi impotenti e non si sentono più in grado di prendersi cura di se stessi. La cosa peggiore per loro sarebbe essere abbandonati dal partner, dagli amici o dai parenti.

NARCISISMO E CO-NARCISISMO - IL "DREAM TEAM".

Non a caso le ho presentato proprio questi due stili. Proprio come lo yin e lo yang, lo stile dipendente e in alcuni casi anche lo stile emotivamente instabile formano un'unità con il narcisismo. Non è sempre necessario che ci sia un disturbo diretto da entrambe le parti. Le parti fortemente pronunciate sono già sufficienti per trovarsi reciprocamente "attraenti".

Uno sguardo più attento alla relazione tra un narcisista e una persona dipendente si chiama co-narcisismo o narcisismo complementare. In questo caso, c'è una soddisfazione reciproca di entrambi i mondi di bisogni. Le caratteristiche di un co-narcisista sono paragonabili a quelle di una persona dipendente.

Si preoccupano eccessivamente di rendere felice il partner. I propri bisogni vengono messi in secondo piano. Il bisogno di tenerezza, amore e attenzione è semplicemente troppo prepotènte e fa sembrare tutto il resto poco importante. I narcisisti hanno un talento nel trasmettere la sensazione di unicità molto presto e all'inizio di una relazione. Finalmente, il co-narcisista ha trovato qualcuno che vede la sua particolarità. La paura di non trovare mai una persona simile e di rimanere soli per sempre è profondamente radicata in loro. Sono troppo contenti di "prendersi cura" di qualcuno, finalmente, e di mettere il mondo ai loro piedi.

Un narcisista lo accetta volentieri. Dopo tutto, si sente più a suo agio quando riceve l'ammirazione degli altri, perché questo gli dimostra che è riuscito a mascherare con successo i propri sentimenti di inferiorità. Perfetto a prima vista! Se non fosse per il fatto che è difficile compiacere una persona con tendenze narcisistiche:

"S. ha organizzato un weekend insieme in montagna. Doveva essere una sorpresa per il suo compagno P.. Lui lavora sempre molto a lungo durante la settimana, è spesso stressato dal lavoro. P. reagisce con disprezzo al suo annuncio, le dice che ha cose importanti da fare, ma va comunque con lei. Quando arrivano in albergo, P. critica l'arredamento della stanza. Mentre sta ancora disfacendo la valigia, sottolinea che vuole partire presto la mattina successiva perché ha altri appuntamenti. S. si sente in colpa per non aver prestato sufficiente attenzione alle esigenze di P.. Decide fermamente di impegnarsi di più la prossima volta".

L'esempio di S. mostra chiaramente come pensano

e sentono i co-narcisisti. Non danno spazio alla propria delusione per la reazione del partner e prendono la sua reazione come un'opportunità per riconsiderare il presunto torto da parte loro.

Qui, tuttavia, diventa visibile anche la mancanza di empatia. I pensieri di un narcisista ruotano principalmente intorno a se stesso. Il fatto che S. potrebbe non voler tornare così presto la mattina successiva o la domanda su quali siano i suoi programmi non hanno alcuna importanza per lui.

Anche la cerchia di amici di un tossicodipendente viene messa a dura prova. Spesso, la persona interessata non ha altra scelta che rivelare la sua sofferenza alla cerchia di amici, prima o poi. Ma i confidenti più stretti sono messi in difficoltà e non di rado il loro feedback obiettivo cade nel vuoto. Il co-narcisista si trova rapidamente nella posizione di voler difendere il partner. Troppo presenti in questi momenti sono i momenti belli della relazione, che il narcisista le regala in dosi omeopatiche. La coscienza sporca di non essere abbastanza grata per questi momenti è troppo grande.

Affascinante e irresistibile!

NARCISISMO NEI SOCIAL MEDIA

Facebook, Instagram, Tinder, Twitter, ecc. Le piattaforme sono diverse come i gruppi target. Ogni formato offre molto spazio per l'autopromozione. La concorrenza è agguerrita, tanto che per la maggior parte di noi, le competenze in tal senso sono diventate una cosa ovvia nella gestione dei social media. Con queste competenze, cresce anche il narcisismo nella nostra società.

"Foto senza filtri?! Non esiste!" è la prima cosa che molti pensano. Se ci chiediamo onestamente quali sono le ragioni della nostra attività su queste piattaforme, molti noteranno in loro stessi dei tratti narcisistici.

"Più bello, migliore, più straordinario" è il motto sotto il quale poniamo i nostri profili autopromozionali. La foto del nostro cibo dà l'impressione di raffinatezza, la foto delle vacanze mostra un certo livello di sicurezza finanziaria e fotografare un edificio senza lei in primo piano? In questo contesto, però, tutti questi ricordi non servono a ricordare le belle vacanze, i momenti con gli amici o i momenti straordinari.

Piuttosto, è profondamente radicato nella nostra mente il desiderio di dire al mondo intero quanto siamo cool, popolari ed esotici. Ma abbiamo una scelta? Solo coloro che tirano fuori le loro parti narcisistiche e si dedicano seriamente al self-marketing hanno la possibilità di emergere nel folto dei social media nel lungo periodo. La pressione di distinguersi dai concorrenti apparenti è grande e ci spinge a essere creativi.

L'APPUNTAMENTO - RICONOSCERE IL NARCISISMO

Il desiderio di sicurezza, fiducia e famiglia fa sì che molte single diventino sentimentali e sviluppino il desiderio di condividere tutto questo con un uomo. La professione, l'età, gli studi, le circostanze del luogo di residenza o anche le maggiori esigenze e altri obblighi rendono difficile trovare un partner adatto.

Il primo passo della vita da single è quindi spesso il dating online. Qualche anno fa era ancora un argomento tabù, ma oggi è diventato del tutto normale, persino scontato. Sono disponibili innumerevoli app di incontri e portali internet, alcuni gratuiti, ma la maggior parte deve essere pagata.

Si consiglia cautela! I narcisisti sono fin troppo felici di cavalcare sul World Wide Web, perché qui hanno l'opportunità di realizzare il loro pieno potenziale. In nessun altro luogo è così facile incontrare un partner per il flirt.

Ma come si riconosce un narcisista? Sono difficili da individuare, sono abili nel sapersi adattare a ogni donna, a ogni situazione e a ogni esigenza. Quando qualcosa è troppo bello per essere vero, i suoi 'campanelli d'allarme' dovrebbero suonare. "Bombardamento d'amore" è la parola chiave. Soprattutto all'inizio di una relazione, questo termine si riferisce a uno stato in cui lei viene sommerso di complimenti, promesse, attenzioni e affetto.

I narcisisti sono abili nel manipolare emotivamente le loro vittime. Più lei è affamata di emozioni, più è ricettiva alle loro avances.

La voglia di trovare il partner perfetto, analogamente ai romanzi rosa, è grande. Per distinguerci dalla concorrenza sul World Wide Web ed evidenziare la nostra individualità, spesso tendiamo a rivelare troppe informazioni personali su di noi.

Ad esempio, le informazioni sulla sua età in combinazione con il suo stato civile dicono molto di lei. Ad esempio, è molto probabile che una donna di 38 anni e senza figli abbia un profondo desiderio di formare finalmente una famiglia. La foto del suo cane trasmette che lei è molto appassionato di animali.

I narcisisti sono solitamente molto intelligenti, attraenti e si preoccupano del loro aspetto. Sanno come relazionarsi con lei in modo compassionevole ed enfatico. E - fanno le loro ricerche! Utilizzano le informazioni di cui sopra, forse la trovano anche su altri portali come Facebook. Le chiedono in modo sottile le sue preferenze, le sue paure e le sue speranze. L'obiettivo è creare rapidamente un attaccamento profondo. In questo modo, il narcisista diventa esattamente l'uomo che lei ha sempre cercato.

Se ha trovato un uomo che la attrae sui social network o sulle piattaforme di incontri, un appuntamento personale non tarderà ad arrivare. Molti uomini sono affascinanti e cortesi, ma non tutti sono immediatamente narcisisti.

Tuttavia, un narcisista supererà sempre i suoi confini personali. Molto presto cercherà di avvicinarsi a lei sessualmente, sempre in modo sottile e inosservato. Può trattarsi di un bicchiere di vino di troppo, che gli impedisce di tornare a casa tardi la sera. Quanto sarebbe comodo se potesse passare la notte a casa sua, dopo tutto, lei non vuole alcun inconveniente all'inizio della loro storia d'amore, perché deve faticosamente ritirare l'auto il giorno dopo. A quel punto, la coglierà completamente di sorpresa o continuerà a parlare con il pretesto di volerla stringere un po'. Ma non fa tutto questo senza protestare ancora e ancora che andrebbe contro i suoi principi o che è la prima volta che fa "una cosa del genere".

Questo approccio di intimità frettolosa ha un metodo e viene anche chiamato **"intimità frettolosa"**.

La chiamerà subito la sua ragazza e la bombarderà con idee esagerate sul futuro. Anche le parole "ti amo" non tarderanno ad arrivare. Lusingata e sollevata dalla convinzione di aver finalmente trovato l'uomo della vita che vuole stare con lei con fermezza, che ha i suoi stessi interessi e che le dà tutta la sicurezza che ha sempre desiderato, si trova in trappola. Prima di quanto pensi, lei dipende da lui.

Ma! Può metterlo alla prova. Ad esempio, se le chiede il suo film o la sua canzone preferita, si inventi qualcosa. Potrebbe rispondere con entusiasmo che è anche il suo film preferito. In sostanza, ascolti il suo istinto. Se qualcosa le sembra divertente, c'è un'alta probabilità che lo sia davvero. E se qualcosa sembra troppo bello per essere vero, probabilmente non lo è.

Ma ci sono altri "segnali di allarme" e spesso provengono dal suo ambiente. Collaborazioni che sono andate in pezzi? Questo può accadere ed è accaduto a tutti noi. Tuttavia, se le racconta delle sue numerose relazioni che sono andate tutte drammaticamente a rotoli e rifiuta ogni colpa, deve stare attenta.

Può darsi che lei sia già uscita con lui un paio di volte e lentamente lui inizia a criticare lei e le sue preferenze e caratteristiche personali. Spesso inizia con il suo aspetto: troppo trucco qui, troppo poco là. Può anche insultarla in pubblico. Gli ponga dei limiti! Gli faccia capire che ha superato il limite e che in futuro dovrà comportarsi in modo diverso. Un narcisista non sarà in grado di gestirlo, si arrabbierà o la ignorerà per giorni.

Ci vuole molta esperienza per riconoscere un uomo narcisista. Il più delle volte non ci riuscirà a prima vista, ma forse con un po' di pratica a seconda vista.

In sintesi, ecco alcune caratteristiche che possono indicare che lei è seduto di fronte a un narcisista durante un appuntamento:

• I narcisisti sono solitamente molto intelligenti, motivo per cui li troviamo spesso in posizioni di leadership.

• Come accennato all'inizio, i narcisisti hanno spesso relazioni interpersonali difficili, motivo per cui di solito hanno pochi amici 'veri'.

• Farà di tutto per essere un uomo da sogno per lei. Lo farà condividendo tutti i suoi interessi, sentimenti e percezioni. In breve, le dirà tutto quello che lei vuole sentire ("love bombing").

• Il primo appuntamento sembra artificiale, messo in scena. È tutto "un po' troppo".

• Sarà più affascinante della media nei suoi confronti, è importante per lui che lei si senta molto speciale.

• Avrete sempre l'impressione che le sue affermazioni non corrispondano alla verità, più che altro sarà l'accenno di un sentimento a cui forse non prestate abbastanza attenzione.

• Dimostrare le bugie di un narcisista è difficile, quindi

ascolti il suo istinto.

• I narcisisti sono molto ambivalenti, dicono una cosa e poi fanno qualcosa di completamente diverso.

• La colpa non è mai sua, per quella c'è lei.

PSICOTERRORISMO - L'AMORE CHE DISTRUGGE LA SUA VITA

"S. è seduta con P. nel suo ristorante preferito. La guarda profondamente negli occhi mentre parla di quanto sia felice di aver trovato S.. Non ha mai provato un'amicizia così profonda per nessuno come per lei. Fino ad ora, tutte le donne lo avevano lasciato, era stato profondamente ferito e non riusciva a guardare una donna per molto tempo, fino a quando... sì, fino a quando ha incontrato lei. Ora sente finalmente di poter guarire di nuovo. Ma per ora poteva essere solo un'amicizia, perché non era ancora pronto per una relazione. Colpito, guarda di lato e le dice che è triste averla incontrata così tardi. Parla a fatica della sua ultima relazione, nella quale aveva investito tutto quello che poteva. L'aveva persino portata in un centro di consulenza, ma non era servito a nulla, lei era diventata sempre più depressa, si preoccupava sempre meno di lui, nonostante lui si fosse sacrificato. Lei non avrebbe più avuto rapporti sessuali con lui, lui

sarebbe stato lasciato solo da lei con le sue esigenze e avrebbe dovuto accontentarsi di se stesso".

Un tipico caso di **"bombardamento d'amore"**, una delle tante tecniche di manipolazione utilizzate dai narcisisti per attirarla e mantenerla nella dipendenza. Come già descritto, questa tecnica viene spesso utilizzata all'inizio di una relazione per attirare la sua dipendenza. Quando si rilegge una seconda o terza volta, ci si rende conto di ciò che P. sta effettivamente dicendo. La persona interessata, nella sua frenesia ormonale, sarà inizialmente incantata dalla sua apertura, dalla sua vulnerabilità e infine anche dalla sua consapevolezza di essere qualcosa di molto speciale. Ma ciò che P. sta realmente dicendo è che la sua ex compagna di vita è depressa e che vuole "solo" un'amicizia.

I narcisisti sono guidati dall'insaziabile desiderio di essere ammirati e rispettati. Pertanto, non è raro che una donna non sia sufficiente per loro e che abbiano delle relazioni. Ma il narcisista ha fornito il motivo fin dall'inizio: Vuole solo un'amicizia. Quindi, cosa può fare per contrastare questa situazione?

Parte del love bombing è il **"future faking"**. Questo è paragonabile all'emivita delle promesse elettorali. Un narcisista riconosce molto rapidamente i bisogni insoddisfatti della sua controparte e fa delle promesse, elabora piani realistici e anche irrealistici per il futuro. Questa tattica serve a mantenere le relazioni interpersonali, liberamente secondo il motto: "Falli felici".

Un altro metodo è il **"gaslighting"**. Si tratta di una tecnica in cui il suo partner la convince di verità non vere con grande concretezza, in modo che lei non possa assolutamente metterle in discussione. Inoltre, il narcisista cambierà attivamente le circostanze e le farà credere che tutto sia come prima. Questo può essere, ad esempio, la chiave che lei tiene sempre sul tavolo. Il narcisista la metterà sulla cassettiera e le dirà con un'espressione incredula che la chiave è sempre lì, dopotutto. Lei si sentirà sempre più insicuro, quasi pazzo e naturalmente dipendente da lui.

Prima di riuscire in questo metodo, però, il narcisista deve essere assolutamente sicuro che lei si fidi ciecamente di lui.

Il "trattamento silenzioso" è utilizzato soprattutto dalle personalità narcisistiche. Attraverso questa tecnica, il tossicodipendente viene costretto a sottomettersi ai desideri del narcisista. Nel corso del processo, l'utente viene reso insicuro con il silenzio. Questo per farle capire che ha reagito in modo sbagliato. Ad esempio, lei non è d'accordo con lui. Di conseguenza, inizia a tacere. Questo la turba, ma un narcisista rimane fermo, dopo tutto, si suppone che le venga dato del tempo per riflettere sul suo comportamento sbagliato. Più lei si interroga perché la situazione è quasi insopportabile per lei, più a lungo durerà questo stato.

Ha trascorso insieme appuntamenti magici, ha vissuto notti appassionate con lui e all'improvviso non c'è più nulla? Nessuna chiamata, nessun messaggio, nessuna spiegazione. Se ne va e non si fa sentire. Ogni minuto guarda il cellulare, ma non arriva nessuna spiegazione. Se ha vissuto un'esperienza del genere, si chiama **"ghosting"**. Questo modello di comportamento è molto comune nell'era odierna delle app di incontri. L'ampia selezione di persone "frequentabili" è enorme, quindi chi vuole impegnarsi subito con una persona? Anche la crescente incapacità di impegnarsi e la crescente timidezza nei confronti dei conflitti spingono le persone a questo comportamento.

Ma non si considera l'impatto che questo ha sulle persone coinvolte. Il ghosting può lasciare una forte sensazione di insicurezza. Le persone con questi stili di personalità, a cui viene attribuita la paura dell'abbandono, possono andare in crisi. L'ulteriore sviluppo del ghosting o la forma correlata è il **"benchching"**. In questo caso, il narcisista semplicemente non la contatta affatto, ma la promuove a "panchina sostitutiva". Spesso non la contatta per alcuni giorni e poi riappare improvvisamente nella sua vita. In questo modo, gioca con la paura della perdita del tossicodipendente e lo lega sempre di più a se stesso.

La "triangolazione" è spesso utilizzata per creare gelosia. Ha lo scopo di destabilizzare e sminuire il partner. Un buon esempio di questo comportamento è il messaggio di testo o l'e-mail "sbagliata" a un'altra donna o addirittura all'ex moglie, che conferma che hanno cenato insieme. Quando gli si chiede spiegazioni, lui afferma in modo molto credibile quanto sia dispiaciuto. Questo comportamento non manca di avere un effetto. La persona dipendente diventa insicura, si sente rifiutata e raddoppierà gli sforzi per conquistare il narcisista a causa della sua gelosia.

Un altro approccio diffuso, di cui le persone colpite soffrono molto, si chiama **"scaricabarile".** Con questo metodo non si riesce mai a fare bene. Un narcisista può trasformarsi abilmente da carnefice a vittima. Evita la responsabilità del suo comportamento scorretto semplicemente scaricando la colpa su di lei. Tradisce? Ma solo perché lei lo mette sotto pressione con il suo desiderio di avere figli. Lei scopre che lui flirta con altre donne sul suo cellulare? È colpa sua se "ficca il naso" nel suo cellulare.

Questo metodo fa disperare i malati. Non hanno alcuna possibilità di combattere. Sistematicamente viene insegnato: "Lei si sbaglia, il suo partner narcisista è a posto". Finché lei stessa non ci crede. Questa tattica passa quasi senza soluzione di continuità al **"victim blaming"**. In questo caso, la relazione carnefice-vittima viene portata a un livello completamente diverso. Questo si può osservare meravigliosamente anche nel nostro esempio. In questo caso, P. descrive esclusivamente come si è sentito, come si è 'sacrificato'. Il motivo per cui lo ha fatto ci viene nascosto. Anche la domanda sul perché l'ex moglie fosse così depressa rimane senza risposta. Al contrario, la stigmatizza fortemente come colpevole.

Se ha avuto una relazione di questo tipo per molto tempo, le sarà capitato di sentire il bisogno di registrare le conversazioni con il suo partner o di avere il registratore in funzione. Sempre più spesso si chiede se c'è qualcosa che non va in lei e se deve interrogarsi seriamente sulla sua salute mentale. Posso dirle che non è "pazzo"! Questo è il metodo della **"pazzia"**. Il partner narcisista prima dice una cosa e poi una completamente diversa, ma insiste sul fatto che non ha mai detto altro. Anche se lei sa benissimo che non è vero, la persuaderà con veemenza e persuasività del contrario, finché lei non crederà più a lui che a se stessa.

Succede allo stesso modo con i ricordi condivisi. Un narcisista che ama ricorrere a questo metodo riprodurrà volentieri i suoi ricordi in modo completamente diverso da come lei li ha vissuti. Non si tratta di piccole cose come il colore della panchina del parco o se il tempo era sereno o nuvoloso, ma piuttosto di ricordi fondamentali, come la bella esperienza alla fontana del parco o nella gelateria del centro città. Questo stravolgimento dei ricordi è una tattica particolarmente tossica per turbarla e tenerla legata a lui. Il narcisista ama anche aumentare la sua influenza negativa avendo una pessima memoria e non ricordando nemmeno i momenti belli che sono importanti per lei, come il cuore che l'ha scolpita in un albero all'epoca. In questo caso, lei non solo sarà insicura, ma anche profondamente ferita.

Se ha avuto una relazione con un narcisista, potrebbe aver riconosciuto uno o più metodi. Rendersi conto di essere in perfetta salute mentale la aiuterà a liberarsi da questi legami. Spesso le tattiche confluiscono l'una nell'altra e sono difficili da distinguere.

Alla fine l'obiettivo è sempre lo stesso: Attraverso accuse, commenti offensivi, disonestà, evasione, colpevolizzazione, dimenticanza, rimproveri, vuole ferirla e umiliarla. Infine, non ha bisogno di prestare attenzione ai suoi sentimenti, perché lei deve essere lasciata sola, traumatizzata e triste. Aspetta che lei, in preda al panico per essere stato lasciato solo, torni da lui e implori il suo perdono.

Ci sono molte ragioni diverse per cui le donne finiscono in relazioni narcisistiche. Può trattarsi di una crisi della sua vita personale, della sua mancanza di fiducia in se stessa o anche di lunghe relazioni in cui era annoiata dall'abitudine. Un uomo affascinante e intelligente che la inonda di complimenti può essere molto allettante.

UNA RELAZIONE D'AMORE CON UN NARCISISTA - È POSSIBILE?

Quando incontriamo un narcisista, quando cediamo al suo fascino e crediamo ai suoi numerosi complimenti, il nostro primo impulso sarebbe SI! Ma ora conosciamo alcuni dei metodi del narcisista e sappiamo che prospera per ingannarla. Ora sappiamo che ha difficoltà a prendere in considerazione i suoi sentimenti e la conclusione è: un narcisista non è in grado di creare un legame interpersonale amorevole e premuroso per costruire una relazione sana! Una relazione di questo tipo è caratterizzata dalla dipendenza emotiva del partner. Una relazione d'amore è possibile solo quando entrambi i partner si incontrano all'altezza degli occhi e con rispetto reciproco. Tuttavia, se non ha questo atteggiamento, può avere una relazione con un narcisista.

Se ha una relazione con un uomo di questo tipo, prima o poi potrebbe trovarsi di fronte ai suoi affari. Deve essere consapevole che la sua costante fame di ammirazione lo spinge a farlo. È difficile pensare che solo lei possa dargli tutta l'approvazione di cui ha bisogno. La mancanza di empatia non lo fa sentire in colpa. Dovrà anche convivere con il fatto che cercherà sempre di farla ingelosire. È necessaria una certa destrezza nel gestire queste situazioni. Non vada oltre, ma non lo prenda nemmeno in giro e lo affronti con una certa serietà. Perché un comportamento scorretto da parte sua potrebbe avere il risultato di fargli una "scenata".

Se vuole assolutamente che un uomo di questo tipo rimanga con lei ed è determinata ad avere una relazione con lui, deve semplicemente mostrare regolarmente che ha molta paura di perderlo. Più lei è umile e sottomessa e più lui può fare quello che vuole con lei, più lui ha bisogno di lei. Probabilmente dovrà abituarsi alle sue relazioni, ma non possono diventare pericolose per lei.

Non deve cercare di limitare troppo una persona del genere. Lo lasci in pace se è impegnato con il suo cellulare e ascolti se riceve chiamate strane. Forse resterà fuori una o due notti per motivi futili. Invece, si occupi della casa e quindi "gli copra le spalle".

Spesso capita che torni a casa di cattivo umore perché qualcosa non è andato come si aspettava al lavoro. Sia paziente. Gli dica quanto è bravo nel suo lavoro e che nessuno può competere con lui. Questo sarà un balsamo per la sua anima.

Si abitui al fatto che non vedrà mai tutto quello che lei fa per lui. Ma noterà che lei gli lascia fare ciò che vuole, che non lo limita e soprattutto che non lo "stronca". Non lo sommerga con i suoi desideri, ma gli mostri ammirazione e apprezzamento. Finché crederà che lei è felice di essere al suo fianco, non si allontanerà da lei.

Alla fine, se sopporta il suo comportamento e lo accetta così com'è, se capisce che semplicemente non può farci niente, allora soffrirà il meno possibile della sua relazione! Ma questo la rende felice?

COSA PUÒ FARE CONTRO IL NARCISISMO DEL SUO PARTNER?

È molto difficile convincere un narcisista che il suo comportamento non va bene per lei. Semplicemente non lo capirà o non lo vedrà. Un comportamento riflessivo sano richiede una certa capacità di empatia. Inoltre, un uomo di questo tipo non ammetterà le sue colpe, perché ciò significherebbe che il suo vero io verrebbe fuori. Dovrebbe mostrarle quanto è vulnerabile, quali paure ha e quali mancanze possiede. Ma questo è fuori questione per un narcisista, per lui è molto importante mantenere le apparenze. Convincerlo di questo è una lotta quasi senza speranza.

A questo punto, va detto ancora una volta che un narcisista soffre sicuramente di se stesso. La pressione costante per mantenere un'immagine esterna perfetta comporta molto stress. È costantemente guidato dalla paura di essere "esposto". La costante sete di riconoscimento è come una batteria difettosa. Non riesce ad accumulare la tanto necessaria ammirazione. Quindi, un uomo di questo tipo è spinto dalla costante ricerca di essa. Spesso queste persone cadono in depressione per questioni più o meno secondarie. Forse c'è un profondo desiderio di aiuto, ma spesso il passo è troppo grande. Tra tutti i disturbi di personalità diagnosticati, il narcisista è più spesso guidato da pensieri suicidi, che possono facilmente sfociare in un vero e proprio suicidio.

La separazione - Il mio mondo è in frantumi

PERCHÉ LA ROTTURA CON UN NARCISISTA È PEGGIORE DI QUALSIASI ALTRA PRIMA?

Una separazione, e in particolare la separazione da un uomo narcisista, può essere molto difficile e richiede una buona preparazione. Si aspetti che lui la incolpi, perché un narcisista deve sempre avere ragione. A parte questo, perché questa relazione sta finendo peggio di qualsiasi altra? Cosa c'è dietro questa dinamica? Una rottura non è mai bella, nella maggior parte dei casi. Trovare una buona chiusura è un'esigenza naturale in una relazione amorosa adulta. Nel migliore dei casi, entrambi i partner avranno delle conversazioni e vedranno le cose come stanno: la relazione ha avuto alti e bassi ed entrambi hanno avuto la loro parte nel fallimento.

In una relazione narcisistica, invece, il partner è innocente. Inoltre, il motivo della rottura è esclusivamente del partner. Inoltre, il suo ego è stato ferito, perché non ha difetti, almeno ufficialmente.

Tuttavia, fa differenza se è lui a separarsi da lei o lei da lui. Se si separa da lei, il rifiuto sarà duro per lei. Non ci si può aspettare che abbia una conversazione adulta con lei e che prenda in considerazione i suoi sentimenti. La separazione sarà dura, breve e indolore per il narcisista.

Almeno lui le mostrerà la sua assenza di dolore, perché non passerà nemmeno lui senza lasciare traccia. Semplicemente, non gli interessa come si sente lei. Ma perché pone fine alla relazione quando in realtà ne soffre? Presumibilmente lei sarà semplicemente diventata troppo vicina a lui. I narcisisti non sono capaci di relazioni veramente impegnate. Si sentono subito costretti e controllati da lei. Un'altra ragione potrebbe essere che lei è troppo complicata per lui. Vuole sottometterla rapidamente e renderla compiacente. Se ci riesce solo con difficoltà, si allontanerà presto da lei.

Per lei, in quanto co-narcisista dipendente, crolla un mondo. Da un giorno all'altro affronta le sue più grandi paure. È solo e si sente confermato nel pensiero che nessuno la ama. Anche se questo stato doloroso all'inizio le sembra la fine del mondo, è la cosa migliore che le possa capitare in una relazione di questo tipo. La lascerà in pace. Probabilmente ha già trovato una nuova donna che per lui è più facile da controllare e che lusinga meglio il suo ego.

Questo stato di dolore è peggiore di qualsiasi altro prima, perché semplicemente si sente confermato in tutto ciò che di negativo pensa di sé. Si prenda il tempo necessario, si addolori e senta il dolore, ma poi lo lasci andare. Si renda conto che si è semplicemente avvicinato troppo a questa persona. In definitiva, aveva paura di essere smascherato da lei e ha semplicemente riflesso il suo problema su di lei. Parli con gli amici dei suoi sentimenti, chieda ai suoi cari se aveva ragione nelle sue accuse e si renda conto di questo: se riceve un feedback onesto dalle persone di cui si fida, allora ci sono molte persone che le vogliono bene. Non abbia paura di chiamare la linea della preoccupazione (sì, esiste ancora) e/o di contattare un terapeuta. La sua assicurazione sanitaria può aiutarla a ottenere un elenco. Anche questo dolore passerà. Si renda conto che alla fine uscirà da questa relazione più forte.

Ma cosa succede se lei stesso decide di porre fine a questa relazione? A questo punto posso innanzitutto congratularmi con lei per la sua forza di volontà. Sono poche le donne che riescono a uscire da sole da una situazione del genere. Spesso queste relazioni si protraggono per molti anni. Le donne soffrono in silenzio, si colpevolizzano esclusivamente e si sentono confermate nella loro mancanza di autostima. Se finalmente ha deciso di fare questo passo, ci sono alcune cose da considerare.

Non è necessario avere conversazioni empatiche con un narcisista, lui non ammetterà i suoi errori. Piuttosto, le riporterà la palla. Gli dica in modo conciso che non vuole più la relazione, eviti di dare motivazioni e quindi di avere discussioni dolorose in cui lui la rimprovera. Si prepari agli insulti, perché più la conosce, meglio potrà colpirla dove fa male. E stia tranquillo: la colpirà con tutto quello che ha. Pensi a dove vuole che si svolga la conversazione. Le sconsiglio di farlo nel suo appartamento. Un caffè può aiutare a "tenerlo sotto controllo" e a creare la distanza necessaria.

Nei casi più rari, lascerà che questa 'umiliazione' rimanga nelle sue mani. È qui che entra in gioco il termine **"hoovering"**. Si riferisce a un metodo che utilizzerà per "cullarla" più e più volte. Il termine deriva dal marchio inglese Hoover e significa in senso figurato che l'ex partner deve essere "aspirato" di nuovo. Ci sono diversi modi per farlo:

• Scrive costantemente messaggi e/o posta su tutti i social network.

• Potrebbero esserci visite a sorpresa da parte sua.

• Le verranno sempre ricordati i momenti più belli o le esperienze condivise.

• Improvvisamente si renderà conto di tutte le sue malefatte e giurerà di ravvedersi.

• Si comporta come se non fosse successo nulla. Questo può arrivare al punto che entra ed esce normalmente da casa sua e può anche continuare a dormire accanto a lei.

• Trova sempre occasioni per mettersi in contatto con lei.

• Chiede di riavere i suoi doni.

• Non consegnerà i suoi effetti personali che sono ancora in suo possesso.

• Parla di voler cambiare attivamente, ad esempio con

una terapia.

• Si appella al suo buon senso, perché in fondo entrambi stanno soffrendo per la situazione.

• Gli amici comuni vengono coinvolti per prendere le sue difese.

• Non riesce più a vivere senza di lei o addirittura dà la colpa a malattie gravi e cerca così di suscitare la sua pietà. Può persino arrivare a minacciare il suicidio.

Se lei non risponde a questi metodi, può sfogare la sua frustrazione con insulti, scatti d'ira o addirittura intere scenate di gelosia. Nel peggiore dei casi, non è escluso il passaggio allo stalking.

Si renda conto che questi comportamenti nascono dalla sua rabbia di offendere. Per lui, l'obiettivo non è riconquistarla, perché non può e non vuole più vivere senza di lei, ma piuttosto il desiderio di piegarla alla sua volontà e di mantenere il controllo. Ancora di più: vuole impedirle attivamente di costruire una vita felice e autodeterminata. Vuole semplicemente farle del male. Il problema è che questa strategia spesso non viene vista o viene fraintesa dalla sua vittima. Non appena lei si lascia "cullare" dalle sue avances, rassicurazioni e promesse romantiche, lusinga il suo ego. È sul punto di controllarla di nuovo. Non appena riesce in questo intento, limiterà molto rapidamente la sua parte di colpa: "L'ho fatto solo perché tu..." o "Forse ho commesso un errore, ma...". Non si assumerà mai la responsabilità di un'evidente azione sbagliata con tutte le conseguenze, senza se e senza ma.

L'unica cosa che può aiutare in questo caso è l'interruzione totale dei contatti! Ed è proprio questo che rende la separazione così difficile per un co-narcisista dipendente. Per lei, in quanto persona empatica, è difficile guardare e sopportare che lui soffra. Anche le provocazioni sono difficili da sopportare, perché non sono né giuste né corrette e lei sente il bisogno di difendersi da esse. Si consoli con il fatto che in fondo anche lui sa che le sue accuse sono insensate. Se lei continua a tornare su di esse, prima o poi si arrenderà o vivrà una "storia infinita". I suoi sentimenti sono normali, dopo tutto, ogni rottura richiede tempo e quella con un narcisista soprattutto molto. Si renda conto che il suo desiderio è più che altro un sintomo di astinenza. E questi passeranno con il tempo.

NON È COLPA TUA !

La cosa più importante è innanzitutto: non si colpevolizzi, perché lei non ha alcuna colpa! I narcisisti sono molto abili e lavorano in modo estremamente calcolatore e mirato. Può succedere a chiunque di noi! Attraverso i metodi di un narcisista descritti sopra, dovrebbe esserle chiaro che queste persone lavorano in modo altamente manipolativo. Basta una piccola crisi di vita e per un narcisista è facile trovare terreno fertile con lei. Lei viene sistematicamente spinto alla dipendenza e le sue paure vengono usate contro di lei.

Se è riuscito a liberarsi da una relazione di questo tipo, tuttavia, dovrebbe chiedersi cosa è successo veramente. Perché un'altra persona è riuscita a ottenere il controllo sulla sua vita in misura così grande? Come è stato possibile che lei abbia ignorato o taciuto tutti i segnali di allarme? È importante affrontare intensamente queste domande per non diventare una "vittima ripetuta".

Vorrei presentarle qui di seguito alcuni dei motivi per cui potrebbe essersi innamorata di una relazione di questo tipo:

Forza! Gli uomini narcisisti sono sicuri di sé, affascinanti, appaiono forti e molto curati. Gli uomini con un tale "standing" hanno maggiori probabilità di attrarre le donne, perché conoscono il loro effetto. Per loro, non si tratta di un grande superamento. Per il resto del mondo maschile, purtroppo, lo è, quindi le probabilità non sono insignificanti che se un uomo si avvicina a lei, magari non è direttamente un narcisista, ma parla della sua forte fiducia in se stesso. Naturalmente, noi donne siamo lusingate quando un uomo affascinante e forte si accorge di noi. Tuttavia, mantenga il sangue freddo.

Spontaneità! La invita al suo ristorante preferito e lei finisce nel suo? Oppure vuole prendere un caffè con lei e finite insieme in un sexy shop? Sì, ha letto bene. Probabilmente si tratta di un esempio un po' estremo, ma in realtà mi è già capitato, se per una volta posso citare un'esperienza personale. Ciò che difficilmente può essere superato in audacia è per un narcisista un'espressione di rilassatezza e spontaneità. Se lo affronta, probabilmente si sentirà dire che c'è qualcosa di sbagliato in lei. Avrà rapidamente una prima cattiva coscienza, dopo tutto, lei vuole essere spontaneo e disinvolto.

In realtà, però, sarà sempre lui a condurla per il naso, ignorando i suoi desideri personali e perseguendo solo i suoi interessi. Perché non è certamente spontaneo. Chi è spontaneo può sbagliare. Infatti, i suoi ristoranti e il sexy shop sono sempre stati i suoi obiettivi. Abbia fiducia in se stessa! Tutto è a posto con lei e quanto sia disinvolto o spontaneo, in ultima analisi, dipende ancora da lei. Se le piace il cibo cinese, allora insista e non si lasci condurre verso l'italiano senza commenti e con false promesse.

Complimenti! Siamo onesti: a tutti piace sentirli. Ma non deve nemmeno esagerare. È comprensibile che desideri essere riconosciuto e amato. Ma si renda conto che se non ama se stesso, nessun altro potrà farlo per lei.

Montagne russe! La relazione con un narcisista la rende dipendente. La miscela di diversi metodi per farla ingelosire o tenerla a volte vicina, a volte lontana, sono altamente emotivi. Tutto accade così velocemente che difficilmente riesce a tenere in ordine se stessa e i suoi pensieri.

Tutti i suoi pensieri ruotano intorno alla domanda: "Mi ama ancora?". Poiché è completamente occupata ad essere pronta per lui se dovesse tornare a farsi sentire o a prendersi cura di lui, le amicizie passano in secondo piano. Gli hobby che prima erano così importanti per lei, improvvisamente non lo sono più. Naturalmente, questo comportamento può essere osservato anche all'inizio di una relazione sana ed è del tutto normale. La differenza in questo contesto, tuttavia, è che lei non si sente sicuro, protetto e accettato in una relazione con un narcisista, ma piuttosto stressato e affrettato. Gli amici e gli hobby sono importanti per lei. Soprattutto quando una relazione difficile è in crisi, sono gli amici che la tirano su e gli hobby che le fanno bene e le danno un'autostima positiva. Non trascuri mai questo aspetto.

In definitiva, è molto difficile (come già detto) capire se sta frequentando un uomo narcisista. Naturalmente, non tutti gli uomini che si avvicinano a lei sono narcisisti. Forse gli è costato molto sforzo avvicinarsi a lei perché gli piace davvero. Ma stia attenta. Nel mondo frenetico di oggi, siamo tentati di affrettare le relazioni con leggerezza.

Più invecchiamo, più aumenta il bisogno di arrivare finalmente all'Uno. Abbiamo rapidamente l'impressione che tutti quelli che ci circondano siano già arrivati e allora ci chiediamo cosa c'è di sbagliato in noi. Naturalmente, potrebbe essere che i suoi standard siano troppo elevati. Sono sicuro che ogni persona ha sentito questa affermazione da una fidanzata che ha perso. Ma è vero? Gli standard cambiano, a volte diminuiscono, a volte aumentano, e quando la persona giusta è di fronte a lei, non hanno importanza.

Una sana autostima è un veleno per ogni narcisista

COSA C'È DI SBAGLIATO IN ME E NEGLI ALTRI?

Essere consapevoli di se stessi, avere fiducia nelle proprie capacità e, sulla base di questo, essere ottimisti sul proprio futuro, descrive un sano grado di fiducia in se stessi. Questo 'essere convinti' di se stessi e la fiducia nella propria persona si esprimono in ultima analisi anche nell'aspetto esteriore e sono una chiave per il successo, sia a livello professionale che privato.

Per sviluppare una sana fiducia in se stessi, è necessario un certo grado di stima professionale, sociale e personale. Ogni persona trae maggior valore da alcune aree e meno da altre. Gli uomini differiscono in modo significativo dalle donne in questo senso. Mentre, statisticamente parlando, il riconoscimento sociale, il bell'aspetto e l'indipendenza attraverso un reddito proprio sono più importanti per le donne, le finanze e il successo nel lavoro sono le priorità principali per gli uomini.

Le basi per uno sviluppo sano vengono gettate nell'infanzia. Tuttavia, molte persone hanno già dei complessi di inferiorità in questi primi anni di vita. I deficit educativi possono essere trasmessi in una direzione o nell'altra. I genitori che attribuiscono un'importanza superiore alla media ai voti scolastici dei loro figli possono rapidamente trasmettere loro la sensazione di non avere mai risultati sufficienti e di non essere abbastanza bravi, né per loro stessi né per gli altri. Queste persone avranno molto probabilmente problemi a sviluppare un livello sano di fiducia nelle proprie capacità in età adulta. D'altra parte, oggi molti bambini ricevono dai genitori l'insegnamento di non sopportare nulla, perché hanno sempre ragione.

In tenera età, i bambini iniziano a litigare con gli

insegnanti a scuola. Finire sulla panchina dei sostituti nel club perché spesso non erano presenti agli allenamenti o non si sono comportati bene come avrebbero dovuto, è fuori questione per i loro tutori. I figli di questi genitori hanno sempre ragione. Avranno problemi al più tardi in età adulta se, a causa dell'educazione dei genitori, non potranno, ad esempio, mostrare comprensione per le critiche del loro supervisore.

Un'autostima "malsana" può quindi correre in entrambe le direzioni. Non è sempre facile distinguere tra un'autostima "vera" e una "falsa". In generale, però, si può dire che le persone con un'autostima malsana tendono ad essere più appariscenti, mentre le persone con un'autostima autentica o sana sono più discrete e modeste. Per essere in grado di distinguere nella vita reale, è necessaria una certa pratica e una conoscenza psicologica di base. Tuttavia, oltre a costruire la propria autostima, è importante valutare se il comportamento delle persone che la circondano è "genuino" e se queste persone meritano la sua fiducia.

Pertanto, vorrei presentarle alcuni comportamenti che una persona con una sana fiducia in se stessa semplicemente non fa. Perché dietro a questi comportamenti si celano spesso proprio i narcisisti che hanno già reso la sua vita difficile molte volte, non solo a livello privato, ma anche professionale.

L'attenzione è la cosa più importante per queste persone. Cercano costantemente lodi e riconoscimenti sia nella vita privata che in quella professionale.

L'invidia e il risentimento sono i sentimenti predominanti. Se le succede qualcosa di bello, queste persone possono sentirsi rapidamente minacciate da lei. È difficile capire se qualcuno è sinceramente felice per lei o meno. A seconda del potenziale pericolo che lei rappresenta, un rancore nascosto può anche trasformarsi in un rancore palese. Gli scontri o le calunnie possono renderle la vita difficile.

Ho ragione. Probabilmente le sarà capitato di partecipare a corsi di formazione o a feste e di pensare: "C'è sempre qualcuno che sa tutto meglio di me". Si tratta di persone che amano discutere fino a quando anche l'ultima persona non ha capito il loro punto di vista ed è convinta della loro opinione.

Io, io, io. Una conversazione può funzionare solo se c'è un dialogo tra almeno due persone. Le persone con una falsa autostima, invece, preferiscono sentir parlare se stesse: i loro problemi, i loro successi e il comportamento scorretto delle altre persone. Non ascoltano le altre persone, né sono interessate a sapere se anche loro hanno dei problemi.

Più tardi. Le persone che sono molto creative nel rimandare qualsiasi decisione e che semplicemente non vogliono impegnarsi, mostrano anche una scarsa fiducia in se stesse.

L'ammirazione per i successi degli altri viene spesso commentata con "Io non potrei mai farlo".

Concentrarsi sulle proprie debolezze. No, questa non è modestia, ma testimonia il fatto che questa persona dovrebbe lavorare su se stessa. Si porta dietro un'immagine negativa di sé nel mondo e ha la sensazione di essere composta solo da difetti. Questo non passa inosservato agli altri. Di conseguenza, anche il mondo esterno ha poca fiducia nelle persone colpite. Successo professionale? Nessuna possibilità! Queste persone mostrano poca iniziativa e anche dopo anni siedono nello stesso angolo a fare lo stesso lavoro.

Complimenti? Non riescono proprio a gestirli. Invece di essere soddisfatte e ringraziate, queste persone spesso rifiutano i complimenti o si sentono direttamente nella posizione di dover fare delle controdeduzioni. Ma non solo hanno problemi ad accettare i complimenti, mettono anche automaticamente in dubbio la loro sincerità. Spesso queste persone si sentono "prese in giro".

Confronti? Una parola straniera per le persone che non hanno fiducia in se stesse. Non sanno giudicare quando una discussione è appropriata e quando sono nel giusto. Inoltre, hanno un forte bisogno di armonia e danno per scontato che il loro avversario di discussione sia comunque superiore e nel giusto.

Infine, non è solo importante pensare a come interpretare il comportamento degli altri, ma anche a ciò su cui deve lavorare. Le persone con una falsa autostima o i narcisisti che ne derivano hanno un fiuto particolarmente buono per le persone con cui possono trattare come vogliono. Inoltre, le persone con tendenze narcisistiche cercheranno persino la sua vicinanza. Così accadrà automaticamente che lei incontrerà sempre queste persone, anche se non sta cercando attivamente un partner o se sta cercando di essere il meno appariscente possibile sul lavoro.

Pertanto: una sana autostima è veleno per ogni narcisista!

SONO FANTASTICI! - RAFFORZANO LA FIDUCIA IN SE STESSI

Se interiorizza questa frase, allora il passo più importante è stato fatto!

Vorrei presentarle alcuni esercizi che possono aiutarla a rafforzare la fiducia in se stessa.

Esercizio 1: si metta davanti allo specchio, rilassato e come nella vita di tutti i giorni. Spesso ci troviamo ad assumere una postura piuttosto flaccida e contratta. Questo spesso è dovuto alla mancanza di attività fisica.

Cerchi di tirare le spalle indietro e di spingere il petto leggermente in avanti. Per molti si tratta di una postura poco familiare. Tuttavia, la provi ad esempio sul posto di lavoro. Noterà subito che questa postura le dà più fiducia in se stesso.

Esercizio 2: probabilmente ha uno specchio nel suo bagno e anche un rossetto. Dipinga un mantra positivo sullo specchio, ad esempio le parole "Io sono bella". Ogni volta che entrerà nel suo bagno, lo leggerà e lo ricorderà inconsciamente.

Esercizio 3: se si trova in una situazione di ansia, può aiutarla a prendersi un tempo breve e consapevole. Chiuda gli occhi, inspiri a uno ed espiri a due. Si concentri sul respiro e conti fino a trenta in questo modo.

È importante che cerchi di uscire dalla sua zona di comfort regolarmente e frequentemente e che faccia cose difficili per lei. Per esempio, provi a sedersi davanti a una lezione universitaria o a sedersi vicino al capo durante una riunione al lavoro. Prenda l'abitudine di questo comportamento e lo aumenti. Sorrida a un collega che le passa accanto. Sicuramente ricambierà il sorriso.

Può anche creare il successo da solo. Prenda in considerazione l'idea di entrare in un club o di assumere una posizione onoraria. Fare qualcosa per gli altri la fa sentire bene. Poiché spesso non riceviamo il riconoscimento che è così importante per noi al lavoro o nella vita privata, è importante cercarlo altrove. Tutti sono bravi in qualcosa, anche lei. Pensi a cosa può essere e poi lo faccia. Spesso può trovare elenchi di club sportivi o attività di volontariato sul sito web della sua città.

Esercizio 4: metta a tacere il suo critico interiore. Per farlo, può procurarsi un braccialetto i cui lati superiore e inferiore sono diversi. Un lato rappresenta la lode e l'altro la critica. Ogni volta che si sorprende ad essere critico con se stesso, giri il braccialetto. All'inizio si ponga dei piccoli obiettivi, ad esempio un'ora, poi un giorno, una settimana e così via.

Esercizio 5: Forse è arrivato il momento di fare un lungo giro di shopping, ma non ha idea di cosa le stia bene. Oltre ai consigli di tipo professionale, può semplicemente chiedere a qualcuno che ha un grande stile ai suoi occhi. Non deve necessariamente trattarsi di una persona della sua cerchia di amici. Basta parlare con una collega gentile. La aiuterà sicuramente. Perché se si sente a suo agio nel suo abbigliamento, anche lei lo irradierà.

Esercizio 6: si alzi dal divano e esca di casa. Faccia una passeggiata, nuoti o pratichi un altro sport. Anche in questo caso, un club può essere d'aiuto. L'esercizio fisico è importante. Soprattutto nei lavori d'ufficio, è inevitabile per mantenere una sensazione di salute del corpo.

Esercizio 7: Si concentri sui problemi, perché c'è il

grande pericolo di perdersi in lei. Invece, cerchi dei modi per risolvere i problemi.

Esercizio 8: Si ponga dei piccoli obiettivi. È importante che questi rimangano davvero piccoli. È meglio fissare diversi obiettivi piccoli che fallire in quelli grandi.

Ad esempio, un obiettivo potrebbe essere quello di fare sport domani, comprarsi dei fiori, fare un bagno o pulire un armadio. La sera, scriva tutti i suoi obiettivi per domani e li spunti. Le farà bene ricordare quanto effettivamente riesce a fare.

Su Internet troverà molti esercizi per aumentare la sua autostima. Oltre a tutti gli esercizi, deve sempre essere consapevole che lei sta bene e che i suoi sentimenti e le sue sensazioni non sono aberranti. Quando inizierà ad aprirsi e magari a parlare con le persone a lei vicine, scoprirà che le sue emozioni non sono fuori dal comune e che non ha nulla di cui vergognarsi. Al contrario, la maggior parte delle persone sta lottando con i suoi stessi problemi.

SUPERARE LE CRISI - PRESERVARE LA FELICITÀ

Per ottenere una sana fiducia in se stessi, è importante attivare la propria forza interiore. Questa si riferisce alla nostra capacità psicologica di far fronte a situazioni di vita difficili, che ogni persona possiede fin dalla nascita. Questo potere di resistenza, che viene anche chiamato resilienza, può essere temporaneamente limitato da varie influenze. Le crisi improvvise o le situazioni straordinarie di stress possono essere responsabili di questo.

Nel nostro esempio, questo può essere una relazione narcisistica con una persona che la convince di non essere giusta o la separazione dal suo partner. Affinché non sia suscettibile a tali relazioni in futuro, è importante mantenere il proprio equilibrio interiore, oltre a una sana fiducia in se stessi. Soprattutto per le persone che cadono facilmente in strutture relazionali dipendenti o che sono inclini a episodi depressivi, è essenziale affrontare questo problema.

In questo contesto, vorrei spiegare più dettagliatamente il modello dello psicologo tedesco Hilarion Petzold. Secondo questo modello, il nostro equilibrio interiore è costituito da cinque pilastri. Per scoprire cosa disturba esattamente il suo equilibrio interiore, può aiutarla a dare un'occhiata più da vicino a questi pilastri:

- Corpo e salute (mentale e fisica)
- Relazioni sociali (famiglia, amici, vicini, colleghi)
- Lavoro e prestazioni (riconoscimento, senso di realizzazione)
- Sicurezza materiale (sicurezza finanziaria, tenore di vita)
- Valori e ideali (lecito, proibito, rituali, morale)

Ogni singolo pilastro può essere disturbato in modi molto diversi. Per esempio, il pilastro "corpo e salute" può essere disturbato dalla propria insoddisfazione riguardo alla forma fisica o alla malattia.

Le relazioni sociali possono essere influenzate da una separazione, da un divorzio o anche da un trasferimento in un'altra città. Va notato che, sebbene i singoli pilastri debbano essere fondamentalmente in equilibrio, è abbastanza normale dare più valore a uno rispetto all'altro. Ad esempio, potrebbe essere molto importante per lei avere successo nel lavoro, ma meno importante non riuscire a mantenere un certo tenore di vita. L'importante è che gli altri pilastri forniscano una base stabile e un sostegno quando uno inizia a crollare.

Se sente che qualcosa in lei non è in equilibrio, tre passi possono aiutarla a ritrovare il suo equilibrio interiore e a ritrovare la sua forza interiore. Il primo passo è la consapevolezza. Per farlo, è opportuno esaminare i cinque pilastri descritti all'inizio e chiedersi quale situazione la sta attualmente mettendo a dura prova e perché.

In una seconda fase, la fase informativa, si affronta il tema di chi o cosa può aiutarla. Alcuni di voi potrebbero aver già cercato un aiuto terapeutico, ma un centro di consulenza potrebbe anche essere in grado di aiutarla a trovare strategie adeguate per affrontare la situazione difficile. Anche le sue idee possono essere utili, ad esempio informarsi su nuove offerte di lavoro se il suo lavoro è troppo stressante, o considerare di iscriversi a un club se mancano i contatti sociali dopo un trasloco. In ogni caso, è importante che diventi onestamente consapevole di ciò che non va bene per lei, in modo che in una terza fase possa agire. È insoddisfatto del suo lavoro? Dopo l'informazione viene la domanda. Spesso è bene anche verificare il suo "valore di mercato" e ottenere una nuova motivazione. Lo stress ha causato problemi di salute come la pressione alta? Allora l'esercizio fisico o le tecniche di rilassamento possono essere d'aiuto.

La parola chiave è la consapevolezza, in tutte le aree della sua vita. Per mantenere l'equilibrio e la forza interiore, è importante adottare un approccio preventivo alla propria vita in anticipo e non attivarsi solo quando si nota già che qualcosa non va bene.

Vorrei darle alcuni consigli per aiutarla in questo senso.

1. Si metta in contatto con il suo **corpo.** Si ascolti e si faccia un'idea di come reagisce allo stress. Come si manifesta? Fisicamente? Psicologicamente? Esistono diversi livelli di tensione. Ogni livello ha anche un approccio per alleviare lo stress. Per esempio, una leggera tensione interiore dopo una giornata stressante può essere alleviata da aromi come candele o oli profumati.

Le tensioni più forti hanno spesso un accesso fisico. In questo caso, può essere utile fare esercizio fisico o semplicemente salire e scendere le scale più volte. Può scoprire quale accesso ha per il rispettivo grado di tensione facendo delle prove. Più si occupa del suo corpo, più velocemente sarà in grado di analizzare dove sono sorti i deficit del suo benessere e potrà anche correggerli con successo.

2. Un **ambiente sociale** stabile è essenziale per la sua forza interiore. Come già descritto, è importante non trascurare mai la sua cerchia di amici o i suoi legami familiari. Perché sono le persone con cui può confidarsi quando il caos interiore minaccia di prendere il sopravvento.

3. Si renda conto dei suoi **punti di forza e** delle sue debolezze e li abbracci entrambi.

4. Programmi regolarmente **dei momenti per me**, in cui lei sia al centro dell'attenzione. Non deve essere sempre un weekend di benessere prolungato. È sufficiente accoccolarsi sulla sua poltrona preferita con un libro o fare un bagno. Anche le piccole cose contano e hanno l'effetto che lei si prenda sul serio.

5. Dire di **no** va benissimo. Impari ad ascoltare se stesso e il suo istinto e a difendere le sue esigenze.

6. Un **atteggiamento positivo nei confronti della vita** è la cosa più importante. Tuttavia, questo sembra più facile di quanto non sia in realtà. Tuttavia - non

cerchi di vedere il negativo in ogni cosa e/o cerchi di vedere qualcosa di positivo in cose presumibilmente negative. Dopo tutto, è risaputo che il sole esce sempre dopo la pioggia.

7. Presti attenzione alle **cose buone** che le accadono nella vita, perché spesso siamo ciechi di fronte ad esse. Vale quanto segue: anche le piccole cose buone sono buone. Un piccolo trucco può aiutarla. Metta in tasca tre biglie o monete. Presti consapevolmente attenzione ai piccoli e grandi successi della sua vita. Ogni volta che nota qualcosa, scambi una biglia o una moneta dalla tasca destra a quella sinistra. Se tutto è a sinistra, ricominci dall'inizio. Rimarrà stupito dalla frequenza di questa interazione.

8. Oltre ad un atteggiamento positivo, è essenziale anche una buona **alimentazione.** Beva molta acqua e poco alcol, e mangi anche cibi freschi ed equilibrati. Perché non per niente si dice che in un corpo sano vive una mente sana.

9. **Il sonno** è importante per poter iniziare una nuova giornata con nuova energia. Si assicuri di avere abbastanza aria fresca e buone temperature nella sua

camera da letto.

10. Nonostante tutti i buoni consigli e la preparazione sufficiente, può ancora accadere che un peso cresca sopra la sua testa. È importante riconoscere questo punto, chiedere **aiuto** in anticipo e accettarlo quando le viene offerto.

Spesso le persone con un'immagine di sé piuttosto negativa e una bassa autostima non hanno la sensazione di essere importanti. Ma concludo dicendo: se non ha il coraggio di prendere sul serio se stesso, le sue esigenze e i suoi oneri e non impara a farlo, non lo farà nemmeno nessun altro!

www.ingramcontent.com/pod-product-compliance
Lightning Source LLC
Chambersburg PA
CBHW051315160726
47994CB00003B/1467